السَّماءُ تُمْطِرُ

الحَليب، العَسَلَ والزَّبيب!

تأليف: ميساء موسى

رسوم: رناد شيخ عرابي

إهداء

إلى كلِّ أطفالِ العالَم،
إلى كلِّ مَنْ كانَ سَنَدًا لي
ويَدْعَمُني مِنْ عائِلَتي وأصدِقائي

دار الرُّقيّ
للطباعة والنشر والتوزيع

ذاتَ صَباحٍ، كَالعادَةِ دَخَلَ التَّلاميذُ إلى الصَّفِّ مَعَ الآنِسَةِ « مَهى»، وكانَ تَلاميذُها يُحِبّونَها كَثيرًا.

- اليَوْمُ سَنَقومُ بِنَشاطٍ رائِعٍ في المَلْعَب.

- ما هُوَ هَذا النَّشاطُ يا آنسة «مَهى»؟

- في المَلْعَب، سَأشْرَحُ لَكُم ماذا سَنَفْعَل.

كَانَتْ عُيونُهُم تَنْظُرُ إِلَيْها بِتَعَجُّبٍ.

طَلَبَتْ مِنْهُم أَنْ يَجْلِسوا عَلى الْأَرْضِ عَلى شَكْلِ دائِرَةٍ.

ثُمَّ قالَتْ لَهُم : «اُنْظُروا إلى السَّماء، ماذا تَرَوْن؟».

- نَرى غُيومًا.

5

- إذَن، أغْمِضوا أعْيُنَكُم وتَخَيَّلوا مَعي لَوْ أنَّ السَّماءَ تُمْطِرُ الحَليب!

أغْمَضوا أعْيُنَهم، لَكِنَّ «هادي» لَمْ يُغْمِض إلّا عَيْنًا واحِدَةً ثُمَّ قال: «لَكِنَّ السَّماءَ لا تُمْطِرُ الحَليب؟!».

6

- طَبْعًا لا، مَنْ أَيْنَ نَأْتي بِالحَليبِ إذَن!

أجاب «هادي»: «البَقَرَةُ تُعْطينا الحَليب».

- أَحْسَنْتَ يا «هادي»... هَيّا أغْمِضوا أَعْيُنَكُم مَرَّةً أُخْرى!

وتَخَيَّلوا لَوْ أنَّ «السَّماءَ تُمْطِرُ العَسَل!».

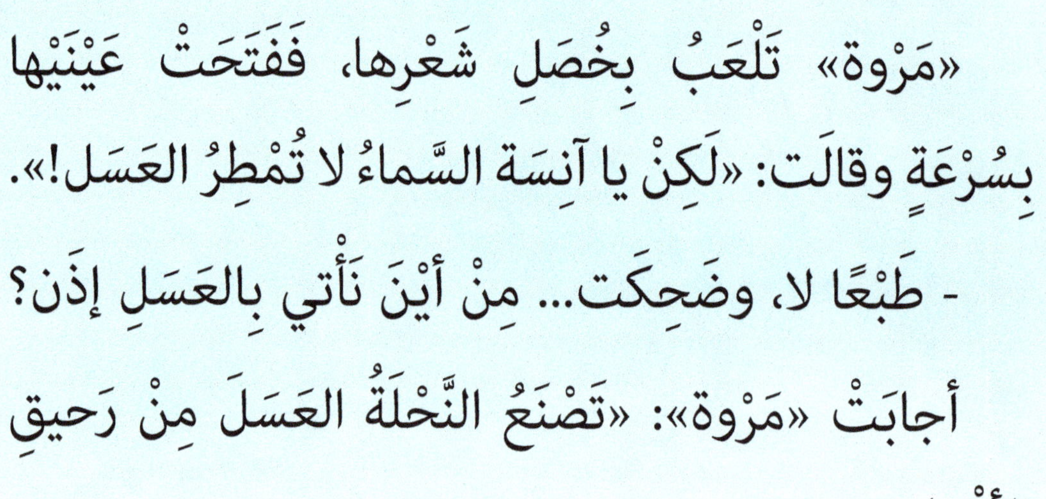

«مَرْوة» تَلْعَبُ بِخُصَلِ شَعْرِها، فَفَتَحَتْ عَيْنَيْها بِسُرْعَةٍ وقالَتْ: «لَكِنْ يا آنِسَة السَّماءُ لا تُمْطِرُ العَسَل!».

ـ طَبْعًا لا، وضَحِكَت... مِنْ أَيْنَ نَأْتي بِالعَسَلِ إِذَن؟

أجابَتْ «مَرْوة»: «تَصْنَعُ النَّحْلَةُ العَسَلَ مِنْ رَحيقِ الأَزْهار».

- أَحْسَنْتِ يا «مَرْوَة»... هَيّا أَغْمِضوا أَعْيُنَكُم لِآخِرِ مَرَّةٍ وتَخَيَّلوا لَوْ أَنَّ السَّماءَ تُمْطِرُ الزَّبيب.

كانَ «عَلاء» يُفَكِّرُ بِكَلامِ المُعَلِّمَةِ فَوَقَفَ فَجْأَة!

ثُمَّ قال: «لَكِنْ يا آنِسَة مَهى السَّماءُ لا تُمْطِرُ الزَّبيب!».

فَرِحَتِ المُعَلِّمَةُ لِأَنَّ أَوْلادَها أَذْكِياء، ولَمْ يَنْسَوْا ما عَلَّمَتْهُم إِيّاه.

فَسَأَلَتْه: «إِذَن، يا عَلاء مِنْ أَيْنَ نَأْتي بِالزَّبيب؟».

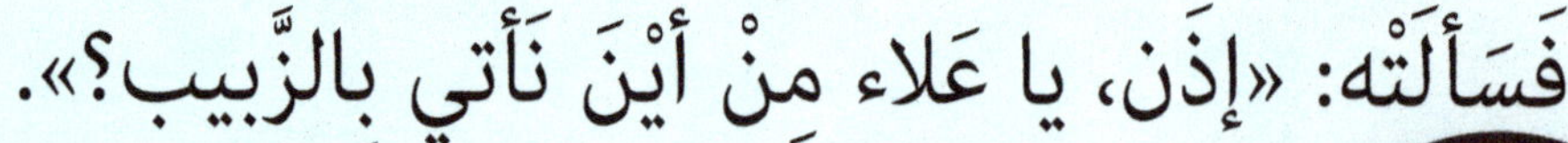

- الزَّبِيبُ هُوَ العِنَبُ المُجَفَّفُ فَيُمْكِنُنا أَنْ نَصْنَعَهُ في البَيْت.

- أَحْسَنْتَ يا «عَلاء»... سَنَقومُ بِنَشاطٍ آخَر وسَوْفَ تُحِبّونَه.

سَأَلوها: «وما هُوَ هَذا النَّشاطُ يا آنِسَة؟!».

14

- سَنُعِدُّ أَكْوابًا مِنَ الحَليبِ مَعَ القَليلِ مِنَ العَسَلِ والزَّبيب... هَلْ سَتَشْرَبونَ الكوبَ كُلَّه؟
- نَعَم يا آنِسَة، سَنَشْرَبُهُ كُلَّه.
عسل
حليب

وَأَخَذَتْ لَهُم المُعَلِّمةُ صورَةً تِذْكارِيَّةً وهُمْ يَشْرَبونَ مِنْ أُكْوابِهِم...

فَجْأةً، قالَت لَهُم: «لَكِنْ يا أوْلادي لَمْ تَقولوا لي بَعْد ماذا تُمْطِرُ السَّماء!».

هَتَفوا جَميعًا وبِصَوْتٍ واحِدٍ وهُم يَضْحَكون: «السَّماءُ تُمْطِرُ ماءً!».

قالَتِ الآنِسَة «مَهى» : «هَلْ تَعْلَمونَ أنَّنا عِنْدَما نَشْرَبُ الحَليبَ تُصْبِحُ عَضَلاتُنا قَوِيَّةٌ. والعَسَلُ يَمْنَعُ عَنَّا أمْراضًا كَثيرَةً، أمّا الزَّبيبُ فَيُقوّي ذاكِرَتَنا».

- وهَلْ أحْبَبْتُم طَعْمَ هَذا الشَّراب؟

- نَعَم يا آنِسَة ، إنَّهُ لَذيذذذ!!!

أَسْئِلَة عامّة حول القصّة:

1 - ما النّشاطُ الّذي قاموا بِهِ الأوْلاد؟

....

2 - ماذا فَعَلَتْ مَرْوَة بِخُصَلِ شَعْرِها؟

....

3 - أ) مِنْ أَيْنَ نَأْتي بِالحَليب؟ ....

ب) مِنْ أَيْنَ نَأْتي بِالعَسَلِ؟ ....

ج) مِنْ أَيْنَ نَأْتي بِالزَّبيب؟ ....

4 - ماذا أَخَذَتْ لَهُم المُعَلِّمَة؟

....

20